ROBERT-LE-DIABLE,

OPÉRA EN CINQ ACTES.

186

Ballets de M. TAGLIONI.
Decors de M. CICÉRI.

PRIX : 2 FR.

IMPRIMERIE DE E. DUVERGER,
RUE DE VERNEUIL, N 4.

ROBERT-LE-DIABLE,

OPÉRA EN CINQ ACTES.

PAROLES

DE MM. SCRIBE ET GERMAIN DE LAVIGNE,

MUSIQUE DE M. J. MEYERBEER.

REPRÉSENTÉ POUR LA PREMIÈRE FOIS

SUR LE THEATRE DE L'ACADÉMIE ROYALE DE MUSIQUE,

LE 21 NOVEMBRE 1831.

PARIS.

BEZOU, LIBRAIRE,

BOULEVARD S.-MARTIN, N° 29.

1831

CHANT.

ACTE PREMIER.

CHEVALIERS.

PREMIERS TÉNORS.

MM. Courtin, Vaillant, Gontier, Picardat, Laussel, Lallemant, Monneron, Dauger, Broutain.

SECONDS TÉNORS.

MM. Charpentier, César, Bégrez, Laty, Robin, Tardif, Cajani, Cognet, Ménard.

PREMIÈRES BASSES.

MM. Guignot, Bouvenne, Royer, Guion, Ducauroy, Hens, Doutreleau.

SECONDES BASSES.

MM. Goyon, Gaudefroy, Esmery 1, Forgues, Berdoulet, Alphonse.

ÉCUYERS.

MM. Bernoux, Laforge, Clavé, Damoreau, Laissement, Auguste, Saint-Denis, Colonna, Esmery 2, Roule, Gault de Saint-Germain.

ACTE DEUXIÈME.

SEIGNEURS.

MM. Révial, Séguy, Coudère, Lintermans, Euzer, *Élèves pensionnaires du Conservatoire de musique.*

HÉRAUT D'ARMES.

M. Alphonse.

CHEVALIERS.

MM. Vaillant, Lausel, Lallement, Monneron, Charpentier, César, Bégrez, Laty, Bouvenne, Guignot, Guion, Goyon, Gaudefroy, Esmery 1, Forgues.

PEUPLE.

MM. Courtin, Gontier, Picardat, Dauger, Bernoux, Laforge, Clavé, Damoreau, Laissement, Broutain, Robin, Tardif, Cajani, Cognet, Ménard, Auguste, Saint-Denis, Colonna, Ducauroy, Hens, Doutreleau, Berdoulet, Esmery 2, Roule, Gault de Saint-Germain.

PREMIERS DESSUS.

Mᵐᵉˢ Sèvres, Gosselin, Augusta, Blangy, Barbier, Darodes, Fillette, Thuillard, Néry, Ottmann.

SECONDS DESSUS.

Mᵐᵉˢ Ménard, Groneau, Dusart, Bouvenne, Bataillard, Ingrand, Bolard, Baron, Matilde, Gilbert.

MARIÉES.

Mᵐᵉˢ Lorotte, Ryckmans, Proche, F. Prévot, Leclercq.

ACTE TROISIÈME.

Tous les Artistes des chœurs en Démons.

ACTE QUATRIÈME.

Tous les Artistes des chœurs en Seigneurs et en Dames de la cour.

ACTE CINQUIÈME.

ERMITES.

MM. Guignot, Bouvenne, Royer, Guion, Ducauroy, Hens, Doutreleau, Goyon, Gaudrefroy, Esmery 1, Forgues, Berdoulet, Alphonse, Esmery 2, Roule, Gault de Saint-Germain.

Tous les autres Artistes des chœurs en Seigneurs.

Toutes les Dames en Dames de la cour.

DANSE.

ACTE PREMIER.

PAGES.

Mlles D'Autreville, Fitz James 2, Vagon, Pierson, Angélina, Chavigni, Petit, Joséphine, Larchet, Chanet, Julie, Danse, Bourgoin, Guillemain, Beausio, Euphrasie, Julia, Eugénie, Carrez, Félicité, Saulnier, Jouve, Keppler, Jomard, Albertine, Blangy, Fitz James 3, Julie.

PÉLERINS.

MM. Lenoir, Provost, Ragaine.

ACTE DEUXIÈME.

Pas de cinq.

PAYSANS.

M. Perrot, Mmes Noblet, Montessu, Julia, Dupont.

CORPS DE BALLET.

PAYSANS.

MM. Marius, Gosset, Grakawski, Cellarius, Saxoni 1, Steibelt, Olivier, Saxoni 2, Kaiser, Duhan, Carée, Chatillon.

PAYSANNES.

Mlles Beaupré, Delacquit, Bénard, Bassompierre, Fitz James 1, Campan, Leclerq, Saulnier, Ropiquet, Guichard, Coupotte, Aline.

DAMES D'HONNEUR.

Mmes Lemonnier, Julie, Lecomte, Augusta, Jenny.

Tous les Pages du premier acte.

ACTE TROISIÈME.

NONNES.

Mmes Legallois, Montessu, Taglioni, Perceval, Leroux, Louisa, Roland.

Mlles Delacquit, Campan, Coupotte, Fitz James 1, Sirat, Saulnier, Cava, Ropiquet, Danse, Pérès, Chavigny, Aline, Jomard, Angélina, Marivin, Mary, Julie, Keppler, Lemonnier, Maisonneuve, Fitz James 2, Guichard, Augusta, Bassompierre, Leclerq, Vagon, Harchet, Petit, Beaupré, Bénard, Albertine, Blangy, Félicité, Carrez, Joséphine, Jouve, Pujal, Saulnier.

DÉMONS.

MM. Adnet, Achille, Grosman, Carrez.

ACTE QUATRIÈME.

PAGES DE LA PRINCESSE.

Mlles Vagon, Chavigny, Danse, Fitz James 2, Keppler, Petit.

PAGES DU PRINCE DE GRENADE.

Mlles Angélina, Saulnier, Pierson, Dautreville.

ACTE CINQUIÈME.

Tous les Personnages des quatre premiers actes.

PERSONNAGES.	ACTEURS.
ROBERT, duc de Normandie.	MM. AD. NOURRIT.
BERTRAM, son ami.	LEVASSEUR.
RAIMBAUT, paysan Normand.	LAFONT.
UN ERMITE.	PRÉVOT.
UN MAJORDOME du roi de Sicile.	ALEXIS.
UN HÉRAUT D'ARMES.	MASSOL.

CHEVALIERS et ERMITES. . . . . {
F. PRÉVOT.
POUILLEY.
TRÉVAUX.
WARTEL.
HEURTAUX.
RÉVIAL.
SEGUY.
COUDER.
LINTERMANS.
EUZER.
} Elèves pensionnaires du Conservatoire de musique.

LE ROI DE SICILE.	GRENIER.
LE PRINCE DE GRENADE.	SIMON.
UN HÉRAUT D'ARMES.	ALPHONSE.
LE CHAPELAIN de Robert. . . .	PEQUEUX.

FUGITIFS. . . . . {
MARIUS.
STEIBELT.
DUHAN.
} Personnages muets.

ISABELLE, princesse de Sicile.	Mmes CINTI-DAMOREAU.
ALICE, paysanne Normande. . .	DORUS.
HÉLÉNA, supérieure des Non-nes.	TAGLIONI. (Pers. muet.)
DAME D'HONNEUR d'Isabelle.	LAVRY.

CHEVALIERS et SEIGNEURS.

ECUYERS, PAGES ET VALETS.

ERMITES.

NONNES.

PAYSANS ET PAYSANNES.

SOLDATS DU ROI DE SICILE.

La scène est en Sicile.

ROBERT-LE-DIABLE,

OPÉRA EN CINQ ACTES.

* * *

ACTE I.

Le théâtre représente le Lido avec le port de Palerme en vue. Plusieurs tentes élégantes sont placées sous l'ombrage des arbres. Pendant l'introduction on voit arriver à plusieurs reprises des barques d'où descendent des étrangers.

—————

SCÈNE PREMIÈRE.

ROBERT, BERTRAM, LE CHAPELAIN DE ROBERT, CHEVA-LIERS, VALETS ET ÉCUYERS.

(Au lever du rideau Robert et Bertram sont à une table à gauche du spectateur; plusieurs valets et écuyers sont occupés à les servir. A droite, une table où plusieurs chevaliers boivent ensemble.)

INTRODUCTION.

CHOEUR.

Versez à tasse pleine,
Versez ces vins fumeux,
Et que l'ivresse amène
L'oubli des soins fâcheux.
Aux seuls plaisirs fidèles,
Consacrons-lui nos jours.
Le vin, le jeu, les belles,
Voilà nos seuls amours.

PREMIER CHEVALIER, *à droite, regardant Robert.*
Quels nombreux écuyers! quelles armes brillantes!

DEUXIÈME CHEVALIER.
Quel est cet étranger, ce seigneur opulent,
Dont les tentes élégantes
S'élèvent près de notre camp?
Qui l'amène en Sicile?

PREMIER CHEVALIER.
Il y vient, j'imagine,

1

Pour assister comme nous au tournois
Que donne le duc de Messine.

ROBERT, *le verre à la main, s'adressant aux chevaliers.*
Illustres chevaliers, c'est à vous que je bois !

LE CHŒUR.

Au seul plaisir fidèles,
Consacrons-lui nos jours.
Le vin, le jeu, les belles,
Voilà nos seuls amours.

SCENE II.

LES PRÉCÉDENS, UN ÉCUYER DE ROBERT, *puis* RAIMBAUT.

L'ÉCUYER, *s'adressant à Robert.*
J'amène devant vous un joyeux pélerin
Qui, si vous le voulez, pourrait, par un refrain,
Egayer le repas de votre seigneurie.
Il arrive de France et de la Normandie.

ROBERT, *vivement.*
Quoi ! de la Normandie?

BERTRAM, *à voix basse.*
Votre ingrate patrie !

(Pendant ce temps est entré Raimbaut.)

ROBERT, *à Raimbaut.*
Approche !

(lui donnant une bourse.)
Prends, dis-nous quelques récits.

RAIMBAUT.
Je vous dirai l'histoire épouvantable
De notre jeune duc, de ce Robert-le-Diable.

TOUS.
Robert-le-Diable !

RAIMBAUT.
Ce mauvais garnement à Lucifer promis,
Et qui pour ses méfaits s'exila du pays.

(Robert tire son poignard.)

BERTRAM, *le retenant.*
Y pensez-vous !...

ROBERT *se retourne vers Raimbaut, et lui dit froidement :*
Commence.

TOUS.

Écoutons, mes amis !

BALLADE.

RAIMBAUT.

PREMIER COUPLET.

Jadis régnait en Normandie
Un prince noble et valeureux.
Sa fille, Berthe la jolie,
Dédaignait tous les amoureux,
Quand vint à la cour de son père
Un prince au parler séducteur ;
Et Berthe, jusqu'alors si fière,
Lui donna sa main et son cœur.
Funeste erreur ! fatal délire !
Car ce guerrier était, dit-on,
Un habitant du sombre empire :
C'était... c'était un démon !

CHOEUR.

Ah ! le conte est fort bon ;
Comment ne pas en rire ?
Quoi, c'était un démon !

RAIMBAUT.

Oui, c'était un démon !

DEUXIÈME COUPLET.

De cet hymen épouvantable
Vint un fils, l'effroi du canton !
Robert, Robert, le fils du diable,
Dont il porte déjà le nom.
Semant le deuil dans les familles,
En champ clos il bat les maris,
Enlève les femmes, les filles,
Et s'il paraît dans le pays...
Fuyez, fuyez, jeune bergère,
Car c'est Robert ; il a, dit-on,

Les traits et le cœur de son père,
Et comme lui c'est un démon.

CHOEUR.

Ah ! le conte est fort bon ;
Comment ne pas en rire?
Robert est un démon !

RAIMBAUT.

Oui, c'est un vrai démon !

ROBERT, *qui jusque là a cherché à modérer sa colère, se lève
à la fin du troisième couplet.*

C'en est trop !... qu'on arrête un vassal insolent !
Je suis Robert !

RAIMBAUT, *tombant à genoux.*

Miséricorde !
Pardon, mon doux seigneur !

ROBERT.

Une heure je t'accorde !
Fais ta prière, et puis qu'on le pende à l'instant.

RAIMBAUT.

Grace ! grace ! je vous en prie !
J'arrive de la Normandie
Avec ma fiancée, et nous venons tous deux
Remplir auprès de vous un message pieux !

ROBERT.

Ta fiancée... attends. Sans doute elle est jolie !
Je me laisse attendrir ; allons, pour ses beaux yeux,
Je te fais grace de la vie ;
Mais elle m'appartient, qu'on l'amène en ces lieux.
Chevaliers, je vous l'abandonne.

RAIMBAUT.

Hélas !

ROBERT.

Tais-toi, vassal ; quand ma bonté pardonne,
Oses-tu bien encor murmurer?

RAIMBAUT.

Malheureux !

ROBERT.

Écuyers, versez-nous ces vins délicieux!

ENSEMBLE.

ROBERT, *et les chevaliers.*
Au seul plaisir fidèles,
Consacrons-lui nos jours.
Le vin, le jeu, les belles,
Voilà nos seuls amours.

SCENE III.

LES PRÉCÉDENS, ALICE, *conduite par les pages de Robert.*

ALICE.
Où me conduisez-vous? par pitié, laissez-moi!

CHOEUR DES CHEVALIERS.
Qu'elle a d'attraits! qu'elle est jolie!
Allons, calmez un vain effroi.

ALICE.
Grace, grace, je vous supplie!

CHOEUR DES CHEVALIERS, *montrant Raimbaut.*
Non, non, il faut qu'il soit puni!
Non, point de pitié pour vos larmes!
Notre vengeance a trop de charmes
Pour que vous obteniez merci!

ALICE.
Plus d'espoir! ò peine cruelle!

ROBERT, *reconnaissant Alice.*
Qu'entends-je? qu'ai-je vu? c'est elle!
Alice!

ALICE, *se jetant aux pieds de Robert.*
Ah! monseigneur, protégez-moi contr'eux.

ROBERT.
Arrêtez! c'est Alice, respectez sa faiblesse.
Le même lait nous a nourris tous deux,
Je ne l'oublierai pas.

CHOEUR DES CHEVALIERS.
Tenez votre promesse;
Avez-vous oublié votre réfrain joyeux?

ENSEMBLE.

LES CHEVALIERS.	ROBERT.
Au seul plaisir fidèles,	Non, je prends sa défense;
Consacrons-lui nos jours :	Calmez un vain transport ;
Le vin, le jeu, les belles,	Malheur à qui l'offense!
Voilà nos seuls amours.	Il recevra la mort.
Partons; amis, point d'imprudence,	Craignez d'exciter ma vengeance,
N'excitons point un vain courroux.	A mon ordre il faut obéir ;
Retirons-nous sans résistance,	Retirez-vous sans résistance,
Et plus tard nous reviendrons tous.	Ou mon bras saura vous punir.

(Raimbaut et les chevaliers se retirent devant Robert qui les menace.)

SCÈNE IV.

ROBERT, ALICE.

ALICE.

O mon prince! ô mon maître!

ROBERT.

Appelle-moi ton frère.
Banni par des sujets ingrats,
Je suis un exilé sur la rive étrangère.
J'ai cherché vainement la mort dans les combats.
Mais toi, près de Palerme, ici, que viens-tu faire?

ALICE.

J'y viens pour remplir un devoir.
Avec mon fiancé j'ai quitté ma chaumière.
J'ai suspendu l'hymen qui devait nous unir...

ROBERT.

Pourquoi?

ALICE.

Pour accomplir l'ordre de votre mère !

ROBERT.

Ma mère bien-aimée ! Ah! parle, à son désir
Je m'empresserai de me rendre.

ALICE.

Vous ne devez jamais la revoir ni l'entendre.

ROBERT.

O ciel !

ALICE.

Elle n'est plus.

ROBERT.

Quoi ! ma mère? ô tourment!

ALICE.

ROMANCE.

PREMIER COUPLET.

Va, dit-elle, va, mon enfant,
Dire au fils qui m'a délaissée :
Qu'il eut la dernière pensée
D'un cœur qui s'éteint en l'aimant.
Adoucis sa douleur amère,
Il ne reste pas sans appui ;
Dans les cieux comme sur la terre,
Sa mère va prier pour lui.

DEUXIÈME COUPLET.

Dis-lui qu'un pouvoir ténébreux
Veut le pousser au précipice ;
Sois son bon ange, pauvre Alice,
Il doit choisir entre vous deux.
Puisse-t-il fléchir la colère
Du Dieu qui m'appelle aujourd'hui,
Et dans les cieux suivre sa mère,
Sa mère qui priera pour lui !

ROBERT.

Je n'ai pu fermer sa paupière !

ALICE.

Elle m'a confié sa volonté dernière.
Un jour, a-t-elle dit,
Quand il en sera digne il lira cet écrit.

(Alice se met à genoux et présente à Robert le testament de sa mère.)

ROBERT.

Non, je ne le suis pas ! non, je me fais justice !
Plus tard... conserve encor ce dépôt, chère Alice.

Tout m'accable à la fois! en proie à la douleur,
Je nourris les tourmens d'une ardeur inutile.

ALICE.

Vous aimez?

ROBERT.

Sans espoir. Connais tout mon malheur:
De la princesse de Sicile
Les charmes ont touché mon cœur;
Je crus sa conquête facile,
Je la vis s'attendrir!... mais troublé, mais jaloux,
Je voulus l'enlever; j'osai braver son père;
De tous ses chevaliers je défiai les coups!...

ALICE.

O ciel!

ROBERT.

Je succombais, lorsque dans la carrière,
Bertram, un chevalier, mon ami, mon sauveur,
Aux plus hardis fit mordre la poussière:
Je lui dus la victoire et perdis le bonheur.

ALICE.

Hé quoi! la princesse Isabelle...

ROBERT.

Depuis je n'ai pu la revoir.

ALICE.

A ses premiers sermens elle sera fidèle.

ROBERT.

Et comment le savoir?

ALICE.

Demandez-le vous-même;
Écrivez!

ROBERT *fait un signe; son chapelain sort de la tente et apporte
ce qui est nécessaire pour écrire.*

Tu le veux... mais qui remettra...

ALICE.

Moi!
L'esprit vient aisément quand on sert ceux qu'on aime.

ROBERT, *pendant le couplet d'Alice, dicte un billet au chapelain.*

Mon ange tutélaire! ah comment envers toi
Pourrai-je m'acquitter!...

ALICE.

Vous le pouvez sans peine.
De ce pauvre Raimbaut vous connaissez l'amour :
Souffrez qu'un saint homme en ce jour,
Près des rochers de Sainte-Irène
L'unisse avec moi sans retour!

ROBERT *applique le pommeau de son épée sur le billet et le donne à Alice.*

De grand cœur! tiens.

SCÈNE V.

LES PRÉCÉDENS, BERTRAM *vient d'entrer et s'approche de Robert.*

ALICE, *l'apercevant et faisant un geste de frayeur.*
(*bas à Robert.*)
Quel est ce sombre personnage?

ROBERT.

Le chevalier Bertram, mon plus fidèle ami ;
Pourquoi d'un air d'effroi le regarder ainsi?

ALICE, *tremblante.*

C'est qu'il est en notre village
Un beau tableau représentant
L'archange Saint-Michel qui terrasse Satan,
Et je trouve...

ROBERT.

Achevez! quel trouble est donc le vôtre?

ALICE, *bas à Robert.*

Qu'il ressemble...

ROBERT, *souriant.*

A l'archange?

ALICE, *de même.*

Eh! non vraiment.... à l'autre.

ROBERT, *bas.*

Quelle folie ! (*haut.*) Allez, et qu'un hymen heureux
Ce soir, mes bons amis, vous unisse tous deux !

(Alice baise la main de Robert et sort.)

SCÈNE VI.

ROBERT, BERTRAM.

BERTRAM.

Quoi ! tous deux les unir ! à merveille ! courage,
Ta nouvelle conquête est fort bien avec toi...

ROBERT.

Oui, par reconnaissance.

BERTRAM.

Ah ! crois donc ce langage !
C'est le mot de tous les ingrats.

ROBERT.

Bertram, tu ne la connais pas !
Tais-toi, je crains ta funeste influence.
En moi, j'ai deux penchans : l'un qui me porte au bien,
Naguère encor j'en sentais l'influence ;
L'autre me porte au mal, et tu n'épargnes rien
Pour l'éveiller en moi.

BERTRAM.

Que dis-tu ? quel délire !
Quoi ! tu peux te méprendre au motif qui m'inspire ?
Tu doutes de mon cœur ?

ROBERT.

Non, non, tu me chéris,
Je le crois.

BERTRAM.

Oui, Robert, cent fois plus que moi-même !
Tu ne sauras jamais à quel excès je t'aime !

ROBERT.

Ne me donne donc plus que de sages avis.

BERTRAM.

A la bonne heure ! et tiens, pour bannir la tristesse,

Mêlons-nous à ces chevaliers.
Tente le sort du jeu, partage leur ivresse :
Nous avons besoin d'or, qu'ils soient nos trésoriers !

ROBERT.

Oui, le conseil est bon.

SCÈNE VII.

ROBERT, BERTRAM, CHEVALIERS.

FINALE.

BERTRAM, *aux chevaliers.*

Le duc de Normandie
A vos plaisirs veut prendre part.

ROBERT.

Au tournois, chevaliers, nous nous verrons plus tard ;
C'est au jeu que je vous défie.

LES CHEVALIERS.

Nous sommes tous flattés de tant de courtoisie ;
Allons, voyons pour qui doit pencher le hasard.

ROBERT.

L'or est une chimère,
Sachons nous en servir :
Le vrai bien sur la terre
N'est-il pas le plaisir ?

TOUS.

Commençons.

(Pendant ce temps on a placé une table au milieu du théâtre, tous les joueurs
l'entourent.)

ENSEMBLE.

ROBERT *et* LES CHEVALIERS.

O fortune ! à ton caprice,
Viens, je livre mon destin ;
A mes désirs sois propice,
Et viens diriger ma main.
L'or est une chimère,
Sachons nous en servir :
Le vrai bien sur la terre
N'est-il pas le plaisir ?

BERTRAM.

Fortune, ou contraire, ou propice,
Qu'importe ton courroux !
Je brave ton caprice,
Et je ris de tes coups.

(Pendant cet ensemble on a commencé à faire rouler les dés.)

ROBERT.

J'ai perdu ; ma revanche ! allons, cent pièces d'or !

UN CHEVALIER.

A vous les dés.

ROBERT.

Quatorze ! ah ! cette fois, je pense ,
De mon côté pourra tourner la chance.
Allons, allons, je perds encor !

BERTRAM.

Qu'importe ? va toujours !

ROBERT.

Nous mettons deux cents piastres !

BERTRAM.

Eh ! ce n'est pas assez ; cinq cents !

LES CHEVALIERS , *à part.*

Nous le tenons.

BERTRAM.

C'est ainsi qu'un joueur répare ses désastres.
Je suis sûr du succès !

ROBERT.

Ah ! grand Dieu ! nous perdons.

BERTRAM.

Console-toi ,
Fais comme moi ,
Plus de dépit ;
Car tu l'as dit :
« L'or est une chimère,
« Sachons nous en servir :
« Le vrai bien sur la terre
« N'est-il pas le plaisir ? »

ROBERT.

De son injustice cruelle
Je veux faire rougir le sort ;
Contre vous tous je joue encor
Mes diamans et ma riche vaisselle.

LES CHEVALIERS.

Cela vraiment nous convient fort.

BERTRAM.

Il a raison : à quoi bon en voyage
S'embarrasser d'un semblable bagage?

ROBERT, *suivant les dés.*

O ciel ! c'est fait de nous !

BERTRAM.

Console-toi,
Fais comme moi,
Plus de dépit;
Car tu l'as dit :
« L'or est une chimère,
« Sachons nous en servir :
« Le vrai bien sur la terre
« N'est-il pas le plaisir? »

ROBERT, *frappant sur la table.*

Et mes chevaux et mes armures!
C'est tout ce qui nous reste, et je veux l'exposer.

BERTRAM.

Et tu fais bien ; le sort contre qui tu murmures
N'attend que ce moment pour nous favoriser.

ROBERT, *amenant les dés.*

Seize !

BERTRAM.

Quel bonheur ! tu vois bien !...

LES CHEVALIERS, *amenant les dés.*

Dix-huit !

ROBERT.

O ciel ! je n'ai plus rien !

BERTRAM.

Ami, console-toi !

ROBERT.

Dans mon destin funeste,
Je t'entraîne avec moi !

BERTRAM.

Notre amitié nous reste.

ROBERT, *abattu.*

Mes armes, mes coursiers ne m'appartiennent plus.

(à Bertram.)

Va leur livrer les biens que j'ai perdus.

(Bertram sort avec quelques chevaliers.)

ENSEMBLE.

ROBERT.	LES CHEVALIERS.
Malheur sans égal,	Voyez son courroux :
D'un sort infernal	Du destin jaloux
L'ascendant fatal	Il maudit les coups,
Me poursuit, m'opprime ;	Il jure, il blasphème ;
Craignez mon courroux !	Modérez, seigneur,
Je puis sur vous tous	Cette folle ardeur ;
Me venger des coups	Craignez ma fureur,
Dont je suis victime.	Et tremblez vous-même.

BERTRAM, *rentrant.*

Console-toi,
Fais comme moi,
Plus de dépit ;
Car tu l'as dit :
« L'or est une chimère,
« Sachons nous en servir :
« Le vrai bien sur la terre
« N'est-il pas le plaisir ? »

FIN DU PREMIER ACTE.

ACTE II.

Le théâtre représente une grande salle du palais. Au fond, une galerie donnant sur la campagne.

SCÈNE PREMIÈRE.

ISABELLE, *seule*.

Que je hais la grandeur dont l'éclat m'environne !
Des fêtes, des plaisirs, tout, hormis le bonheur !
Hélas ! mon père ordonne,
Et va livrer ma main sans consulter mon cœur,
Quand l'ingrat que j'aimais, quand Robert m'abandonne.

CAVATINE.

En vain j'espère
Un sort prospère ;
Douce chimère,
Rêves d'amour,
Avez fui sans retour.

D'espoir bercée,
Tendre pensée
S'est éclipsée
Comme un beau jour.

SCÈNE II.

ISABELLE, ALICE, QUELQUES JEUNES FILLES, *portant des pétitions.*

CHOEUR DE JEUNES FILLES , *qui s'avancent vers la princesse.*
Approchons sans frayeur !

(Elles remettent les pétitions.)

A la souffrance
Donne assistance ,
La bienfaisance
Est dans ton cœur.

ALICE , *à part.*
Dieu ! pour servir Robert, quel moyen !... si j'osais !
Mais plus d'une princesse, avec reconnaissance,
A reçu quelquefois de semblables placets !
Essayons !

(à la princesse ; en lui remettant le billet de Robert.)

A la souffrance
Donne assistance,
La bienfaisance
Est dans ton cœur.

(La princesse ouvre le billet, le lit tout bas avec trouble, puis se rapprochant
d'Alice.)

ISABELLE.
Écoute, jeune amie,
Viens ! mon ame est attendrie ;
Le malheur qui supplie
A des droits sur mon cœur.

(à part.)
Mon bonheur est extrême !
Viens, Robert , toi que j'aime !

ALICE *et* LES JEUNES FILLES.
O princesse chérie !
Ton ame est attendrie ;
Le malheur qui supplie
A des droits sur ton cœur.

ISABELLE, *aux jeunes filles.*
Un seul moment laissez-moi dans ces lieux.

ALICE, *à Robert qui paraît.*

Courage ! allons, montrez-vous à ses yeux,
Elle ne pourra se défendre ;
Son cœur qui fut à vous ne peut vous condamner.
Elle consent à vous entendre,
C'est presque déjà pardonner.

SCÈNE III.

ISABELLE, ROBERT.

DUO.

ROBERT.

Avec bonté voyez ma peine
Et mes remords,
Et n'allez pas par votre haine
Punir mes torts.
L'amour qui me rendit coupable
Doit vous fléchir.
Ah ! si votre rigueur m'accable,
Il faut mourir.

ISABELLE.

Relevez-vous.

ROBERT.

De mon offense
M'accordez-vous le pardon généreux ?
Laissez-moi du moins l'espérance,
Ce dernier bien des malheureux.

ISABELLE.

J'aurais dû fuir votre présence
Et vos remords ;
Et d'un amant par mon absence,
Punir les torts.
Mon cœur, par sa douleur extrême
Est désarmé ;
Hélas ! Robert, jugez vous-même
S'il est aimé.

5

ROBERT.

Que dites-vous?... ô destin plein de charmes !

(On entend une marche.)

ISABELLE.

Silence ! entendez-vous ces accens belliqueux?

ROBERT.

O ciel ! et j'ai perdu mes armes !...

ISABELLE.

Je le savais ; j'ai prévenu vos vœux.
Voyez !

(On voit paraître des écuyers portant une armure.)

ROBERT, *avec transport.*

Armé par vous, je vaincrai sous vos yeux.

ENSEMBLE.

ISABELLE.	ROBERT.
Mon cœur s'élance et palpite,	Mon cœur s'élance et palpite,
Il bat d'espoir, de bonheur :	Il bat d'espoir, de bonheur :
L'amour, l'honneur, tout l'excite;	L'amour, l'honneur, tout l'excite;
Oui, Robert sera vainqueur!	Du tournois je suis vainqueur.

ISABELLE.

Chevalier, dois-je encor vous apprendre un mystère?

ROBERT.

Ah! sur tous vos secrets mon amour a des droits.

ISABELLE.

Apprenez donc...

ROBERT.

Eh bien!

ISABELLE.

Mon père,
Sur le plus valeureux voulant fixer son choix,
Va proposer ma main pour le prix du tournois.

ROBERT.

O ciel! est-il possible?

ISABELLE.

Il compte sur les exploits

Du prince de Grenade, et le nomme invincible!

ROBERT.

Il a porté ce nom pour la dernière fois.

ENSEMBLE.

ISABELLE.

Mon cœur s'élance et palpite, etc.

ROBERT.

Mon cœur s'élance et palpite, etc.

ROBERT, *lui baisant la main.*

Votre bonté va doubler mon courage.

ISABELLE.

Silence! on vient; pour m'offrir son hommage,
Le peuple va se réunir,
Par ordre de mon père, ici, sur mon passage,
Et par des jeux fêter le mariage
De six jeunes beautés que ma main dût choisir.
Fuyez!

(Isabelle sort.)

SCÈNE IV.

ROBERT, BERTRAM, *au fond avec* LE PRINCE DE GRENADE *et un* HÉRAUT D'ARMES.

(A la fin de la scène précédente on a vu Bertram entrer avec le prince de Grenade et un héraut d'armes, auquel Bertram a indiqué du doigt Robert. Le prince de Grenade n'a fait que traverser la galerie du fond.)

ROBERT.

Ah! dans ces jeux guerriers offerts à la vaillance,
Je vaincrai mon rival!

BERTRAM, *à part.*

Oui, si je le permets.

ROBERT.

Que ne puis-je de même, au gré de ma vengeance,
Dans un combat réel le voir seul et de près!

(se retournant vers le héraut d'armes.)

Que voulez-vous?

LE HÉRAUT.

A toi, Robert de Normandie,

Le prince de Grenade adresse ce cartel,
Et par ma voix il te défie,
Non dans un vain tournois, mais au combat mortel.

ROBERT, *avec joie.*

Ah! le ciel qui m'exauce, à sa perte l'entraîne;
Il m'ose défier! j'y cours; guide mes pas.

LE HÉRAUT.

Viens, tu le trouveras dans la forêt prochaine.

ROBERT.

Un de nous n'en sortira pas.

(Il sort avec le héraut d'armes.)

SCÈNE V.

BERTRAM, *seul.*

Oui, va poursuivre une ombre vaine!
Ce prince de Grenade, esclave à moi soumis,
Comme un fantôme à tes yeux éblouis,
De ce brillant tournois remportera le prix!...
Mais déjà pour la fête en pompe l'on s'avance...

SCÈNE VI.

ISABELLE, *conduite par son père*, BERTRAM, ALICE,
RAIMBAUT, CHEVALIERS, SEIGNEURS, DAMES DE LA COUR,
PAGES, ÉCUYERS, PEUPLE.

(Entrée du peuple qui accompagne six jeunes couples qui doivent être mariés.)

CHOEUR DU PEUPLE.

Accourez au-devant d'elle;
Célébrez, peuple fidèle,
Tant de vertus, tant d'attraits;
De nos vœux reçois l'hommage,
Et qu'ils soient le doux présage
De ton bonheur à jamais!
Accueillant notre prière,

Puisse un jour le sort prospère
Récompenser tes bienfaits!

BALLET.

(Après le ballet un héraut d'armes entre en scène et s'adresse à la princesse.)

LE HÉRAUT D'ARMES.

Quand tous nos chevaliers, pour la gloire et leur dame,
De ce tournois vont tenter les destins,
Le prince de Grenade en ce moment réclame
L'honneur d'être armé par vos mains.

(La princesse hésite à répondre, son père qui est près d'elle lui ordonne d'accepter.
Le prince de Grenade s'avance précédé de sa bannière, de ses pages, et de ses
écuyers; Bertram en l'apercevant dit à part.)

BERTRAM, *à part.*

Je triomphe!... Le voici...
Et Robert est resté dans la forêt profonde.
Robert égaré par lui,
Cherche en vain un rival que mon pouvoir seconde.

(Les écuyers du prince de Grenade pendant que la princesse lui remet ses armes.)

LE CHOEUR.

Sonnez, clairons, honorez la bannière
Du guerrier qui guide nos pas.
Sonnez, clairons, dans la carrière
Mars et l'amour arment son bras.

ALICE, *à part, cherchant dans la foule.*

Mon jeune maître ne vient pas.
Quand s'ouvre la lice guerrière,
Qui peut donc retenir ses pas?

BERTRAM, *à part.*

Robert, Robert ne viendra pas.

LE CHOEUR.

Le clairon sonne, et l'honneur vous réclame;
Nobles guerriers, armez vos bras:
C'est pour la gloire et pour sa dame
Qu'un chevalier vole aux combats.

ALICE, *cherchant Robert des yeux, s'adresse à Raimbaut.*

Ah! quelle douleur est la mienne!

RAIMBAUT.

Rien n'est encor désespéré,
Mais aux rochers de Sainte-Irène,
Souviens-toi que pour nous l'autel est préparé.

ISABELLE, *à part.*

Parmi cette jeunesse et brillante et guerrière,
Vainement je l'attends... tout m'accable à la fois.
Hélas! lorsque ma main est le prix du tournois,
Je ne vois point encor paraître sa bannière.

LE CHOEUR.

Le clairon sonne, et l'honneur vous réclame, etc.

(On entend un appel des trompettes.)

LE CHOEUR, *en dehors.*

Voici le signal des combats.

ISABELLE *descend du trône, et s'adresse aux chevaliers.*

La trompette guerrière
Vient de retentir.
Dans la noble carrière
Il faut vaincre ou mourir.

(à part.)

Que le cri de l'honneur,
Robert, frappe ton cœur!

ENSEMBLE.

ISABELLE, *à part.*	LE CHOEUR.
Ah! pour moi douleur cruelle!	Le clairon sonne, et l'honneur vous réclame;
Non, Robert ne paraît pas;	Nobles guerriers, armez-vos bras :
Aux combats l'amour l'appelle.	C'est pour la gloire et pour sa dame
Quel pouvoir enchaîne ses pas?	Qu'un chevalier vole aux combats.

(Tout le cortége défile, la princesse et son père s'apprêtent à le suivre. Alice regarde autour d'elle avec inquiétude. Bertram est de l'autre côté de la scène.)

ENSEMBLE.

ALICE.	BERTRAM.
Déjà commencent les combats,	Robert, Robert, c'est dans mes bras,
Robert, Robert ne paraît pas.	C'est à moi que tu reviendras.

FIN DU SECOND ACTE.

ACTE III.

Le théâtre représente les rochers de Sainte-Irène, paysage sombre et montagneux. Sur le devant, à droite, les ruines d'un temple antique, et des caveaux dont on voit l'entrée ; de l'autre côté, une croix en bois.

SCÈNE PREMIÈRE.

BERTRAM, RAIMBAUT.

RAIMBAUT.

Du rendez-vous, voici l'heureux instant.

BERTRAM, *le regardant.*

N'est-ce pas là ce troubadour Normand?...

RAIMBAUT.

Que le seigneur Robert ce matin voulait pendre?

BERTRAM, *riant.*

Oui, jamais il ne fait les choses qu'à demi.
Qui t'amène?

RAIMBAUT.

Je viens attendre
Alice, mes amours, que j'épouse aujourd'hui ;
Alice qui n'a rien... et moi pas davantage ;
Sans cela nous serions bien heureux en ménage.

BERTRAM, *lui jetant une bourse.*

S'il est ainsi... tiens... prends!

RAIMBAUT, *hors de lui.*

En croirais-je mes yeux!

C'est de l'or!

BERTRAM, *le regardant avec mépris.*

Voila donc ce qu'on nomme un heureux!
J'en fais donc aussi quand je veux!

DUO.

RAIMBAUT.	BERTRAM.
Ah! l'honnête homme!	Ah! l'honnête homme!
Le galant homme!	Ah! le pauvre homme!
Mais, voyez comme	Mais, voyez comme
Je me trompais.	En mes filets
Ah! désormais,	Je le prendrais,
Je lui promets	Si je voulais.
Obéissance,	Faiblesse humaine
Reconnaissance,	Que l'on entraîne,
En récompense	Que l'on enchaîne
De ses bienfaits.	Par des bienfaits!

BERTRAM.

C'est aujourd'hui qu'on te marie?

RAIMBAUT.

Oui, monseigneur.

BERTRAM.

Quelle folie!

RAIMBAUT.

Une folie!
Ma fiancée est si jolie!

BERTRAM.

A ta place moi j'attendrais,
Et sans façon je choisirais.

RAIMBAUT.

Vous choisiriez?

BERTRAM.

Je choisirais,
Te voilà riche, et, je le gage,
Toutes les filles du village
Voudront se disputer ta foi.

RAIMBAUT.

Vous le croyez!

BERTRAM.

Oui, je le croi.

RAIMBAUT.

Au fait! un si grand personnage
Doit s'y connaître mieux que moi.

ENSEMBLE.

| Ah! l'honnête homme! | Ah! l'honnête homme! |
| Le galant homme! etc. | Ah! le pauvre homme! etc. |

BERTRAM.

Le bonheur est dans l'inconstance.

RAIMBAUT.

Le bonheur est dans l'inconstance?

BERTRAM.

Elle seule embellit nos jours.

RAIMBAUT.

Elle seule embellit nos jours?

BERTRAM.

Que gaîté, plaisirs et bombance
Soient désormais tes seuls amours.

RAIMBAUT.

Je pourrai donc tout me permettre?

BERTRAM.

Oui, chaque faute est un plaisir,
Et l'on a pour s'en repentir
Le temps où l'on n'en peut commettre.

RAIMBAUT.

Ce système me plaît beaucoup.
A tous mes compagnons, afin de mieux vous croire,
Pour commencer, je vais payer à boire.

BERTRAM, *riant.*

Boire!... c'est bien! Cela peut te conduire à tout.

ENSEMBLE.

RAIMBAUT.	BERTRAM.
Ah! l'honnête homme!	Ah! l'honnête homme!
Le galant homme! etc.	Ah! le pauvre homme! etc.

(Raimbaut sort par la gauche.)

4

SCÈNE II.

BERTRAM, *seul.*

Encore un de gagné! glorieuse conquête
    Dont l'enfer doit se réjouir!
Mais je ris de ses maux et du sort qu'il s'apprête,
Lorsque dans un instant le mien va s'accomplir,
Roi des anges déchus! mon souverain!... je tremble!...
Il est là!... qui m'attend!... oui, j'entends les éclats
De leur joie infernale... Ils se livrent ensemble,
Pour oublier leurs maux, à d'horribles ébats.

LE CHOEUR, *dans la caverne.*

Noirs démons, fantômes,
Oublions les cieux;
Des sombres royaumes
Célébrons les jeux.

BERTRAM.

C'est en vain qu'on voudrait l'arracher de mes bras!
    Non, non, Robert ne m'échappera pas.

LE CHOEUR, *dans la caverne.*

Gloire au maître qui nous guide
A la danse qu'il préside!

BERTRAM.

AIR.

O mon fils! ô Robert!
Pour toi, mon bien suprême,
J'ai bravé le ciel même,
Je braverais l'enfer!

De ma gloire éclipsée,
De ma splendeur passée,
Toi seul me consolais;
C'est par toi que j'aimais!

O mon fils! ô Robert!
Pour toi, mon bien suprême,

J'ai bravé le ciel même,
Je braverais l'enfer !

(Il entre dans la caverne à droite.)

SCÈNE III.

ALICE, *gravissant la montagne.*

Raimbaut ! Raimbaut ! dans ce lieu solitaire
L'écho seul me répond et j'avance en tremblant.
Au rendez-vous serais-je la première ?
Me faire attendre ainsi ! c'est affreux, et pourtant
Il n'est encor que mon amant !

COUPLETS.

PREMIER COUPLET.

Quand je quittai la Normandie,
Un vieil ermite de cent ans
Dit : tu seras un jour unie
Au plus fidèle des amans.
Hélas ! j'attends !
O patrone des demoiselles,
Patrone des amans fidèles,
Notre-Dame de bon secours,
Daignez protéger mes amours !

(A la fin de ce couplet la ritournelle de la scène précédente reprend, et Alice regarde avec effroi du côté de la caverne.)

Mais le soleil soudain s'est obscurci ;
D'où vient ce bruit dont mon ame est glacée ?
De quelque orage, hélas ! serais-je menacée ?

(La ritournelle gaie reprend.)

Non, non ; ce n'est rien, Dieu merci !

DEUXIÈME COUPLET.

Raimbaut disait : gentille amie,
Crois à mes feux, ils sont constans !
En ce jour peut-être il oublie
Près d'une autre ses doux sermens :
Et moi j'attends !
O patrone des demoiselles,

Patrone des amans fidèles,
Notre-Dame de bon secours,
Daignez protéger mes amours!

(La ritournelle de l'air de Bertram reprend avec plus de force que la première fois.)

O ciel! le bruit redouble;
D'effroi mon cœur se trouble;
La terre tremble sous mes pas!
Fuyons!

CHŒUR SOUTERRAIN.

Robert! Robert!

ALICE, *s'arrêtant.*

Je ne me trompe pas.

CHŒUR SOUTERRAIN.

Robert! Robert!

ALICE.

C'est le nom de mon maître!
Quelque danger le menace peut-être!

(montrant l'ouverture à droite entre les rochers.)

D'ici l'on pourrait voir, je croi,
Dans ce lieu souterrain.

(Elle fait un pas.)

Ah! grand Dieu! l'éclair brille!
J'ai bien peur!...c'est égal!...mon Dieu! protège-moi!
Toi qui d'un faible enfant, ou d'une pauvre fille,
Souvent te sers, dit-on, pour accomplir ta loi!

(Elle s'avance en tremblant vers l'ouverture à droite, y jette les yeux; l'orchestre doit peindre ce qu'elle voit; elle pousse un cri, s'attache à la croix de bois qui est près de la caverne, l'embrasse et s'évanouit.)

SCÈNE IV.

ALICE, *évanouie,* BERTRAM *sortant de la caverne, pâle et en désordre.*

BERTRAM.

L'arrêt est prononcé! fatal, irrévocable!
Je le perds à jamais! on l'arrache à mes bras...
S'il ne se donne à moi, s'il ne m'appartient pas!
Demain! demain!

ALICE, *sortant de son évanouissement, et se rappelant ce qu'elle vient d'entendre.*

A minuit !... misérable !

BERTRAM.

Minuit ! on a parlé ! qui donc est dans ces lieux ?
Qui donc a lu dans ma pensée ?

(Apercevant Alice, et prenant un air riant.)

C'est de Raimbaut l'aimable fiancée,
C'est Alice... d'où vient qu'elle baisse les yeux ?

DUETTO.

ALICE.

La force m'abandonne.

BERTRAM.

Qu'as-tu donc ?

ALICE, *à part.*

Ah ! grands dieux !

BERTRAM.

Viens ici.

ALICE.

Je frissonne !

BERTRAM.

Viens vers moi.

ALICE.

Je ne peux.

BERTRAM.

Qu'as-tu donc entendu ?

ALICE.

Moi ? rien !... rien !

BERTRAM.

Qu'as-tu vu ?

ALICE.

Rien ! rien !...

ENSEMBLE.

ALICE.	BERTRAM.
Je tremble, chancelle;	Triomphe que j'aime !
Et la voix cruelle	Ta frayeur extrême
De l'ange rebelle	Va, malgré toi-même,
Me glace d'effroi.	Te livrer à moi.

BERTRAM, *faisant un pas vers elle.*

Approche donc, et que ces doux attraits...

ALICE, *reculant et embrassant la croix de bois.*

Eloigne-toi, va-t-en !

BERTRAM.

Tu me connais :
Ton œil a pénétré ce mystère effroyable
Aux mortels interdit... et si ta voix coupable
Osait le révéler, tu péris à l'instant.

ALICE.

Le ciel est avec moi, je brave ta colère.

BERTRAM.

Tu péris, toi, puis ton amant !

ALICE.

O ciel !

BERTRAM.

Puis ton vieux père,
Ainsi que tous les tiens.
Tu l'as voulu, gentille Alice ;
Par vertu te voilà ma complice,
Et désormais tu m'appartiens.

REPRISE DU DUO.

ALICE.

La force m'abandonne.

BERTRAM.

Sauve ce qui t'est cher,
Viens ici.

ALICE.

Je frissonne !

BERTRAM.

Viens vers moi.

ALICE, *regardant au fond.*

C'est Robert.

BERTRAM.

Ainsi tu n'as rien vu?

ALICE, *tremblante.*

Moi? rien !

BERTRAM.

Rien entendu?

ALICE.

Non, rien !

BERTRAM.

Songes-y bien, de toi dépend ton sort.
Voici Robert; tais-toi, sinon la mort!

SCÈNE V.

ROBERT, ALICE, BERTRAM.

(Robert s'avance jusqu'au milieu de la scène, plongé dans une profonde rêverie.)

TRIO.

ALICE.

Ses yeux sont baissés vers la terre,
Il est plongé dans la douleur;
Peut-être une secrète horreur
Cause ce trouble involontaire,
Et du danger qu'il va courir,
Hélas! je ne puis l'avertir.

BERTRAM.

Ses yeux sont baissés vers la terre,
Profitons bien de sa douleur.
Mais d'où vient que mon faible cœur
Frémit d'un trouble involontaire?
Du piége où je le vois courir,
Rien ne pourra le garantir.

ROBERT.

Oui, j'ai tout perdu sur la terre,
Je m'abandonne à ma douleur;
D'où vient qu'une secrète horreur
Me cause un trouble involontaire?
Bertram seul peut me secourir,
Ou je n'aurai plus qu'à mourir.

(Bertram, d'un geste impératif, ordonne à Alice de se retirer. Elle obéit en hésitant.
Arrivée au bord de la coulisse, elle s'élance tout d'un coup au milieu du théâtre
vers Robert.)

ALICE.

Non, non, je brave le trépas,
Ecoutez!

ROBERT.

Parle donc!

ALICE.

Hélas!

BERTRAM.

Allons, parle, ma chère,
Au nom de ton amant, au nom de ton vieux père.

ALICE.

Non, je ne pourrai jamais:
Fuyons, fuyons! ou je me trahirais.

(Elle s'enfuit.)

SCÈNE VI.

ROBERT, BERTRAM.

ROBERT, *étonné, la regardant sortir.*

Qu'a-t-elle donc?

BERTRAM, *riant.*

Qui sait? l'amour, la jalousie...
Ce messire Raimbaut qu'elle aime à la folie...

ROBERT.

Parle; nous sommes seuls!... Perdu, déshonoré,
Je n'espère qu'en toi... du moins tu l'as juré.

BERTRAM.

Et je tiens mes sermens. On nous tendit un piège.
Si pendant le tournoi, dans ces vastes forêts,
On égara tes pas... c'est par un sacrilège;
C'est par-là qu'un rival a détruit nos projets,
Des esprits infernaux il employa les charmes.

ROBERT.

Que faire alors?

BERTRAM.

Le vaincre par ses armes,
L'imiter.

ROBERT.

Et comment? Est-il donc des secrets
Pour conjurer les esprits invisibles?

BERTRAM.

Oui.

ROBERT.

Les connaîtrais-tu? réponds!

BERTRAM.

Je les connais,
Et ces mystères si terribles
Ne sont rien quand on a du cœur.
En auras-tu?

ROBERT.

Bertram!...

BERTRAM.

Je crois à ta valeur.
Ecoute: on t'a parlé de l'antique abbaye
Que le courroux du ciel abandonne aux enfers;
Au milieu des cloîtres déserts
S'élève le tombeau de sainte Rosalie.

ROBERT.

O ciel! funeste souvenir!
C'était le nom de ma mère chérie.

BERTRAM.

Tu ne dois point parler, si tu ne veux mourir,
Aux êtres inconnus de qui la destinée
A ce séjour est enchaînée.

5

ROBERT.

Achève!

BERTRAM.

Dans ce lieu qu'on ne saurait franchir
Sans exposer ses jours... auras-tu le courage
De pénétrer seul sans pâlir?

DUO.

ROBERT.	BERTRAM.
Des chevaliers de ma patrie,	Des chevaliers de la Neustrie,
L'honneur fut toujours le soutien.	L'honneur fut toujours le soutien.
Et dussé-je perdre la vie,	Viens, sois digne de ta patrie,
Marchons! marchons! je ne crains rien.	Marchons! ton sort sera le mien.

BERTRAM.

Il est sur le tombeau, dans ce séjour terrible,
Un rameau toujours vert, talisman redouté...

ROBERT.

Après?

BERTRAM.

Par lui tout est possible;
Il donne la richesse et l'immortalité.

ROBERT.

Après?

BERTRAM.

Des saints autels malgré le privilége,
Robert, il faut qu'il soit ravi par toi.

ROBERT.

Mais c'est un sacrilége!

BERTRAM.

Quoi! déjà tu trembles d'effroi!

ROBERT.

J'irai! Conquis par moi, ce rameau révéré
Va se changer en palme triomphale.

BERTRAM.

Eh quoi! tu braverais cette enceinte fatale?

ROBERT.

Oui, sans crainte je m'y rendrai;
Malgré le ciel je l'oserai.

ENSEMBLE.

Des chevaliers de la Neustrie, etc.

(Robert sort par le sentier à gauche.)

BERTRAM, *seul, le regardant sortir.*

Avant toi j'y serai !.. qu'il cueille ce rameau,
Et sur lui je reprends un empire nouveau.
De ses propres désirs devenant la victime,
   Dès qu'il pourra les satisfaire tous,
Ce pouvoir souverain va le conduire au crime,
    Et le crime conduit à nous.

(Bertram rentre dans la caverne à droite. Les nuages qui couvraient la scène disparaissent. Le théâtre représente une des galeries du cloître. A gauche, à travers les arcades, on aperçoit une cour remplie de pierres tumulaires dont quelques-unes sont couvertes de végétation, et au-delà la perspective des autres galeries. A droite dans le mur, entre plusieurs tombeaux sur lesquels sont couchées des figures de nonnes taillées en pierre, on remarque celui de sainte Rosalie. Sa statue en marbre est recouverte d'un habit religieux, et tient à la main une branche verte de cyprès. Au fond, une grande porte, et un escalier conduisant aux caveaux du couvent. Des lampes en fer rouillé sont suspendues à la voûte. Tout annonce que depuis long-temps ces lieux sont inhabités. Il fait nuit. Les étoiles brillent au ciel, et le cloître n'est éclairé que par les rayons de la lune.)

SCÈNE VII.

LES PRÉCÉDENS, BERTRAM.

Bertram arrive par la porte du fond. Il est enveloppé dans son manteau, avance lentement, et regarde les objets qui l'entourent. Les oiseaux de nuit, troublés dans leur solitude par ce bruit inaccoutumé, s'envolent au dehors.)

RÉCITATIF.

Voici donc les débris du monastère antique
Voué par Rosalie aux filles du Seigneur;
Ces prêtresses du ciel, dont l'infidèle ardeur,
Brûlant pour d'autres dieux un encens impudique,
Où régnaient les vertus fit régner le plaisir!

(regardant la statue de sainte Rosalie.)

Le céleste courroux, attiré par la sainte,
Au milieu de la joie est venu vous punir,
Imprudentes beautés !... ici, dans cette enceinte,
Vous dormez! le front pâle et comme en vos beaux jours,
Ceint encore des fleurs qu'effeuillaient les amours.

(s'approchant des tombeaux.)

Nonnes, qui reposez sous cette froide pierre,
        M'entendez-vous?
Pour une heure quittez votre lit funéraire,
        Relevez-vous!
Ne craignez plus d'une sainte immortelle
        Le terrible courroux !
Roi des enfers, c'est moi qui vous appelle,
        Moi damné, comme vous !
Nonnes, qui reposez sous cette froide pierre,
        M'entendez-vous?
Pour une heure quittez votre lit funéraire,
        Relevez-vous !

(Pendant l'air précédent des feux follets ont parcouru ces longues galeries et s'arrêtent pour s'éteindre sur les tombeaux des nonnes ou sur les pierres tumulaires de
la cour. Alors les figures de pierre, se soulevant avec effort, se dressent et glissent
sur la terre. Des nonnes aux vêtemens blancs apparaissent sur les degrés de l'escalier, montent et s'avancent en procession sur le devant du théâtre. Pas le moin-
dre mouvement ne trahit encore leur nouvelle existence. Les murs qui supportent
les arcades ne peuvent arrêter la marche de celles qui désertent les tombes de la
cour. La pierre s'est amollie pour leur livrer passage; bientôt elles ont rejoint
leurs compagnes, et s'arrêtent vers le tombeau de sainte Rosalie, qu'elles ne peuvent
dépasser. Dans ce moment leurs yeux commencent à s'ouvrir, leurs membres
reçoivent le mouvement, et si ce n'est leur pâleur mortelle, toutes les apparences
de la vie leur sont rendues. Pendant ce temps le feu des lampes s'est aussi de lui-
même rallumé. L'obscurité a cessé.)

BERTRAM, *aux nonnes qui l'entourent.*

Jadis filles du ciel, aujourd'hui de l'enfer,
        Écoutez mon ordre suprême !
Voici venir vers vous un chevalier que j'aime...
        Il doit cueillir ce rameau vert;
Mais si sa main hésite et trompe mon attente,
        Par vos charmes qu'il soit séduit;
Forcez-le d'accomplir sa promesse imprudente,
En lui cachant l'abîme où ma main le conduit.

(Toutes les nonnes par un salut donnent leur assentiment à la demande de Bertram, qui
se retire. Aussitôt l'instinct des passions revient à ces corps naguère inanimés. Les
jeunes filles, après s'être reconnues, se témoignent le contentement de se revoir.
Héléna, la supérieure, les invite à profiter des instans et à se livrer au plaisir; cet
ordre aussitôt est exécuté. Les nonnes tirent des tombeaux les objets de leurs passions profanes; des amphores, des coupes, des dés sont retrouvés. Quelques-unes
font des offrandes à une idole; tandis que d'autres arrachent leurs longues robes
et se parent la tête de couronnes de cyprès pour se livrer à la danse avec plus de
légèreté. Bientôt elles n'écoutent plus que l'attrait du plaisir, et la danse devient
une bacchanale ardente.
    La ritournelle annonçant l'arrivée de Robert interrompt les jeux; toutes les
nonnes se dérobent à sa vue, en se cachant derrière la colonnade et les tombeaux.)

ROBERT *avance, en hésitant.*

Voici le lieu témoin d'un terrible mystère !
Avançons... mais j'éprouve une secrète horreur:
Ces cloîtres, ces tombeaux font naître dans mon cœur
Un trouble involontaire.
J'aperçois ce rameau, talisman redouté,
Qui doit me donner en partage
Et la puissance et l'immortalité.
Quel trouble! vain effroi! Grand Dieu! dans cette image
De ma mère en courroux, oui, j'ai revu les traits!
Ah ! c'en est fait, fuyons, je ne pourrais jamais.

(Au moment où Robert veut sortir, il se trouve entouré de toutes les nonnes ;
une d'elles lui présente une coupe, mais il la refuse. Héléna, qui s'en aperçoit,
s'approche de lui, et par ses poses gracieuses cherche à le séduire ; Robert la
contemple avec admiration, bientôt il ne peut résister, et accepte la coupe offerte
par sa main. Héléna voyant qu'elle a réussi l'entraîne vers le tombeau de sainte
Rosalie ; toutes les nonnes croyant que Robert va détacher le rameau, se félici-
tent de leur triomphe ; mais le chevalier recule avec effroi.
Héléna cherche de nouveau par ses charmes à exciter les passions de Robert.
D'autres jeunes filles lui présentent des dés ; au premier moment, il est tenté de
se mêler à leurs jeux, mais bientôt il s'éloigne avec répugnance. Héléna, qui ne
cesse de l'observer, le ramène en dansant autour de lui avec grace. Robert sub-
jugué par tant de charmes, oublie toutes ses craintes ; elle le conduit insensible-
ment près du tombeau de sainte Rosalie, et se laisse ravir un baiser, en lui indiquant du doigt le rameau qu'il doit cueillir. Robert enivré d'amour, saisit le
talisman, alors toutes les nonnes forment autour de lui une chaîne désordonnée ;
il se fraye un chemin au milieu d'elles en agitant le rameau. Bientôt la vie qui
les animait s'éteint par degré, et chacune d'elles vient retomber auprès de son
tombeau ; un démon qui sort de chaque tombe s'assure de sa proie. En ce moment on entend au milieu des cloîtres un chœur infernal.)

LE CHOEUR.

Il est à nous !
Accourez tous,
Spectres, démons,
Nous triomphons !

FIN DU TROISIÈME ACTE.

ACTE IV.

Le théâtre représente la chambre à coucher de la princesse ; trois grandes portes dans le fond, qui, quand elles s'ouvrent, laissent voir de longues galeries. Au lever du rideau, la princesse est assise devant sa toilette ; ses femmes la déshabillent et distribuent aux six jeunes filles qui ont été mariées le matin, son voile, sa couronne de mariée et ses autres ajustemens de noce.

SCÈNE PREMIÈRE.

ISABELLE, ALICE, DAMES ET JEUNES FILLES, LE MAITRE DES CÉRÉMONIES, TOUTE LA COUR, PAGES *portant des présens.*

LE CHŒUR.

Frappez les airs, cris d'allégresse,
Cris de victoire et chants d'amour !
Par nos accens, par notre ivresse,
Célébrons tous un si beau jour.

LE MAÎTRE DES CÉRÉMONIES.

Je viens vous présenter, noble et belle princesse,
Au nom du jeune époux
Qui ce soir doit s'unir à vous,
Ces présens précieux, gages de sa tendresse.

LE CHŒUR.

Frappez les airs, cris d'allégresse, etc., etc.

LE MAÎTRE DES CÉRÉMONIES.

Nobles et chevaliers, venez retirons-nous.

(Tout le monde sort.)

(En ce moment Robert paraît sur la galerie du fond, avec le rameau de cyprès ; aussitôt tous les personnages, frappés de stupeur, restent immobiles dans la position où ils se trouvaient, la princesse tombe sur les degrés qui conduisent à son lit. Robert entré dans l'appartement; les portes se referment derrière lui d'elles-mêmes.)

SCENE II.

ISABELLE, ROBERT.

ROBERT.

Du magique rameau qui s'abaisse sur eux,
L'invincible pouvoir vient de fermer leurs yeux ;
Ta voix, fière beauté, ne peut être entendue
De ces lieux, où me guide un ascendant fatal.
Dussé-je te ravir, menaçante, éperdue,
    Tu me suivras loin d'un rival.
Mais non, tu vas céder!..Approchons..qu'elle est belle!
Ce paisible sommeil, le calme de ses sens...
Prête un charme plus doux à ses traits innocens.
Hâtons-nous, il le faut... Isabelle!.. Isabelle!
Pour toi je romps le charme où sont plongés leurs sens.

ISABELLE, *s'éveillant.*

    Où suis-je? et quelle voix m'appelle?
Quel sommeil effrayant avait fermé mes yeux?
    Que vois-je?... est-ce une erreur nouvelle?
    Quoi, Robert en ces lieux!

DUO.

    Mon Dieu, toi qui vois mes alarmes,
    De ton secours daigne m'aider.

ROBERT.

    Voilà donc ces attraits, ces charmes
    Qu'un rival devait posséder !
    Je sens une joie infernale
    A voir son trouble et son effroi.

ISABELLE.

    Quels regards il jette sur moi!
      (à Robert.)
Une puissance et magique et fatale
Vous a fait de l'honneur oublier le serment.

ROBERT.

Eh bien ! oui.. oui.. l'enfer qui me sert et m'entend,
    Va me venger d'un rival que j'abhorre.

ISABELLE.

C'est ce matin en combattant
Qu'avec honneur vous le pouviez encore.

ENSEMBLE.

ISABELLE.	ROBERT.
Dieu tout-puissant, ne m'abandonne pas,	Crains ma fureur, ne me repousse pas,
Au désespoir je crains de le réduire.	Au désespoir tremble de me réduire.
Tout, dans ces lieux, reconnaît son empire;	Tout, dans ces lieux, reconnaît mon empire,
Toi seul, grand Dieu! peut enchaîner son bras.	Et rien ne peut t'arracher de mes bras.

ISABELLE.

Fuyez, retirez-vous, votre espérance est vaine.

ROBERT.

Je cède au transport qui m'entraîne.
Isabelle, tu m'appartiens!

ISABELLE.

Robert!...

ROBERT.

Aucun pouvoir ne peut briser ta chaîne,
Ne me résiste plus!

ISABELLE.

Ah! laisse-moi.

ROBERT.

Non, viens.

ISABELLE.

Arrête!

CAVATINE.

Robert, toi que j'aime
Et qui reçus ma foi,
Tu vois mon effroi:
Grace pour toi-même,
Et grace pour moi!

Quoi! ton cœur se dégage

Des sermens les plus doux ?
Tu me rendis hommage ,
Je suis à tes genoux.

Robert, toi que j'aime
Et qui reçus ma foi,
Tu vois mon effroi :
Grace pour toi-même,
Et grace pour moi !

ROBERT.

Pour résister je fais de vains efforts.

ISABELLE.

Cesse de vains efforts.

ROBERT.

Mon cœur s'émeut à cette voix touchante.

ISABELLE.

Entends ma voix tremblante.

ROBERT.

Non, je ne puis maîtriser mes transports.

ISABELLE.

Maîtrise ces transports.

ROBERT.

Ah ! sauvons-la de ma propre furie.

ISABELLE.

Robert, je te supplie !

ROBERT.

Dans un moment tu vas m'être ravie ;
En te perdant, je vais perdre le jour.
Tu ne veux plus de mon amour,
Cruelle ! eh bien ! prends donc ma vie.

ISABELLE.

Que me dis-tu ?

ROBERT.

Tel est mon sort.

ISABELLE.

Quoi ! plus d'espoir ?

ROBERT.

Un seul me reste.

ISABELLE.

Sauve tes jours.

ROBERT.

Je les déteste.

ISABELLE.

Fuis, tu le peux !

ROBERT.

Plutôt la mort.

(se jetant à genoux.)

Dussé-je périr sous leurs coups,
Isabelle, j'attends mon sort à tes genoux.

(Il brise le rameau.)

LE CHOEUR, *s'éveillant et s'animant par degré.*

Quelle aventure !... est-ce un prestige?
Quelle langueur nous glaçait tous?
Sommeil étrange !... où sommes-nous ?
Mon cœur se trouble à ce prodige.
Et ma raison vraiment s'y perd.
Que vois-je ! O ciel !... Robert ! Robert !

ENSEMBLE.

CHOEUR.

Arrêtons, saisissons ce guerrier téméraire ;
C'est en vain qu'il voudrait s'échapper de nos bras.
Au destin qui l'attend rien ne peut le soustraire,
Et le jour doit demain éclairer son trépas.

ROBERT.

Approchez, je me ris d'une vaine colère.
Dût la foudre en éclats me frapper à vos yeux.
Mon cœur ne connaît pas une crainte vulgaire ;
Il défie avec joie et la terre et les cieux.

ISABELLE.

C'est pour moi qu'en ces lieux il brave leur colère,
Hélas ! et je ne peux l'arracher de leurs bras !
Au destin qui l'attend rien ne peut le soustraire ;
Et le jour doit demain éclairer son trépas.

ALICE *et* RAIMBAUT.

C'en est fait, vainement il brave leur colère ;
Rien, hélas ! ne pourrait l'arracher de leurs bras.
Au destin qui l'attend rien ne peut le soustraire,
Et le jour va demain éclairer son trépas.

(Les hommes d'armes se précipitent sur Robert et l'entraînent, tandis qu'Isabelle retombe évanouie sur son lit de repos ; les femmes s'empressent autour d'elle, et Alice à genoux et soutenue par Raimbaut, semble encore prier pour Robert.)

FIN DU QUATRIÈME ACTE.

ACTE V.

Le théâtre représente le vestibule de la cathédrale de Palerme; au fond, un rideau qui sépare le vestibule du sanctuaire; à gauche, une niche et une image de madone indiquant que c'est un lieu d'asile. Au lever du rideau, des moines.

SCÈNE PREMIÈRE.

CHŒUR DE MOINES.

Malheureux ou coupable,
Hâtez-vous d'accourir
En ce lieu redoutable,
Ouvert au repentir !

Ici de l'humaine justice
Vous pouvez braver le courroux.
De la madone protectrice,
L'image veillera sur vous.

Malheureux ou coupable,
Hâtez-vous d'accourir
En ce lieu redoutable,
Ouvert au repentir !

(Pendant le chœur plusieurs fugitifs viennent demander asile ; après le chœur tous rentrent dans l'église.)

SCÈNE II.

ROBERT, *entrant vivement*, BERTRAM.

ROBERT.

Viens !

BERTRAM.

Pourquoi dans ce lieu me forcer à te suivre ?

ROBERT.

Cet asile est sacré, l'on ne peut m'y poursuivre.
Délivré par tes soins, j'ai cherché mon rival ,
Ce prince de Grenade.

BERTRAM.

Eh bien !

ROBERT.

O sort fatal !

Je suis vaincu.

BERTRAM.

Toi !

ROBERT.

Mon glaive lui-même,
Dans ce combat m'a trahi ,
Tout me trahit aujourd'hui.

BERTRAM.

Excepté moi qui t'aime ,
Et qui veux ton bonheur. Ne le comprends-tu pas ?
Oui, puisque tu brisas d'une main imprudente
Ce rameau qui devait te livrer ton amante,
Elle est à ton rival !

ROBERT.

Pour l'ôter de ses bras,
Quel moyen ? parle !

BERTRAM.

Un seul offert à ta vengeance.

ROBERT.

Quel qu'il soit, je le veux !

BERTRAM.

Sois à nous ! sois à moi !
Qu'un écrit solennel nous engage ta foi !

ROBERT.

Pourvu que je me venge ! il suffit... donne...

(On entend en ce moment les chants religieux qui partent de l'église qui est au fond.
Robert étonné s'arrête.)

BERTRAM.

Eh quoi !

Déjà ton cœur balance !

ROBERT, *écoutant.*

N'entends-tu pas ces chants?

BERTRAM, *voulant l'entraîner.*

Ils nous importent peu.

ROBERT, *avec émotion.*

Ils frappaient mon oreille aux jours de mon enfance,
Lorsque pour moi, le soir, ma mère priait Dieu.

ENSEMBLE.

LE CHOEUR, *en dehors.*	ROBERT.
Gloire à la Providence!	O divine harmonie !
Gloire au Dieu tout-puissant	O célestes accords !
Qui sauva l'innocence	D'une aveugle furie
Des piéges du méchant!	Vous calmez les transports.

BERTRAM, *à part.*

Sur son ame attendrie
Redoublons nos efforts ;
D'une aveugle furie
Excitons les transports.

ROBERT.

C'est Dieu lui-même qui rappelle
L'ingrat prêt à l'abandonner.

BERTRAM, *à part.*

De ces lieux il faut l'entraîner.

(haut.)

Daigne en croire un ami fidèle.

ROBERT, *écoutant les chants qui continuent.*

Entends-tu?

BERTRAM.

Qui peut t'effrayer?

Suis-moi

ROBERT.

Si je pouvais prier !

ENSEMBLE.

CHOEUR , *en dehors.*   ROBERT.

Gloire à la Providence !   O divine harmonie !
Gloire au Dieu tout-puissant, etc.   O célestes accords, etc.

BERTRAM.

Sur son ame attendrie
Redoublons nos efforts, etc.

BERTRAM.

Je conçois que ces chants puissent troubler ton ame;
Pour ton heureux rival ce peuple fait des vœux.

ROBERT.

Que dis-tu?

BERTRAM.

Dans ce temple où l'hymen les réclame,
Que ne vas-tu prier comme eux?

ROBERT.

Ah ! ce mot seul a ranimé ma rage;
Va-t-en ! tu n'es qu'un ennemi !

BERTRAM.

Qui? moi,
Ton ennemi ! moi, qui n'aime que toi !
Moi, qui dans tous les temps protégeai ton jeune âge !
Moi, qui voudrais avoir tous les biens en partage
Pour te les donner tous !

ROBERT.

O ciel ! qui donc es-tu?

BERTRAM.

Ce trouble, cet effroi... dont mon cœur est ému,
Ne te l'ont-ils pas dit? n'as-tu pas entendu
Ce matin... ce Raimbaut... et ce récit funeste
Des malheurs de ta mère... Ils n'étaient que trop vrais!

ROBERT.

Dieu !

BERTRAM.

Je fus son amant ! son époux ! je l'atteste.

ROBERT.

Qu'entends-je?

BERTRAM.

Et maintenant, Robert, tu me connais!

ROBERT.

Malheureux que je suis!

BERTRAM.

AIR.

Jamais, c'est impossible,
Ton malheur, ô mon fils! n'égalera le mien.
Notre tourment à nous, c'est de vivre insensible,
De ne pouvoir aimer, de n'aimer jamais rien!
Tel est l'enfer. Eh bien! quand le souverain maître
Eut lancé dans l'abîme un ange révolté,
Dans mon cœur un instant le repentir vint naître.
Et ce Dieu dans sa bonté,
Dans sa vengeance peut-être,
Me permit d'aimer! Oui, depuis ce jour cruel,
Où par toi seul, Robert, mon cœur a pu connaître
Les craintes, le bonheur, les tourmens d'un mortel.
En toi seul à présent est ma vie et mon être!

O mon fils! ô Robert! ô mon unique bien!
D'un seul mot va dépendre et ton sort et le mien!
Je t'ai trompé, je fus coupable:
Tu sauras tout, avant minuit,
Si tu n'as pas signé ce pacte irrévocable
Qui pour l'éternité tous les deux nous unit.
Ce Dieu qui me poursuit, ce Dieu qui nous accable,
Reprend sur toi tout son pouvoir.
Je te perds à jamais, je ne dois plus te voir!
Minuit!... minuit!... Tel est son arrêt immuable...

O mon fils! ô Robert! ô mon unique bien!
De ce mot va dépendre et ton sort et le mien!
De ton rival je suis le maître,
Un des miens avait pris ses traits;
Dis un mot, il va disparaître.
L'hymen va combler tes souhaits;

Et les honneurs et la richesse,
Et les plaisirs et les amours,
Dans une éternelle jeunesse,
Vont près de moi charmer tes jours!
Et ne crois pas qu'ici je veuille te séduire.
C'est pour ton seul bonheur qu'à présent je respire.
Et si ce bonheur même est ailleurs qu'avec moi,
Vas... fuis... Je t'aime assez pour renoncer à toi!

ROBERT.

L'arrêt est prononcé, l'enfer est le plus fort;
 Ne crains pas que je t'abandonne.

BERTRAM.

O bonheur!

ROBERT.

   Maintenant le devoir me l'ordonne.
Qui que tu sois, je partage ton sort.

SCÈNE III.

LES PRÉCÉDENS, ALICE.

ALICE, *qui a entendu les derniers mots.*
Robert, qu'ai-je entendu?

BERTRAM, *à Alice.*

    Dans ce lieu qui l'amène?

ALICE.

Une heureuse nouvelle!... Ah! je respire à peine.
(à Robert.)
Vous pouvez maintenant compter sur le succès,
 Et rendre grace au ciel qui vous protège :
Le prince de Grenade et son brillant cortége
N'ont pu franchir le seuil du lieu saint.

ROBERT.

    Je le sais.

ALICE.

Et la noble princesse, à votre amour ravie,
Vous attend à l'autel.

BERTRAM.

   Pars, il faut t'éloigner.

7

ALICE, *à Robert.*

Pourriez-vous donc l'abandonner ?
Avez-vous oublié le serment qui vous lie?

BERTRAM, *à Robert.*

Hâtons-nous, le temps presse, et l'heure va sonner.

TRIO.

ROBERT, *à Bertram.*

A tes lois je souscris d'avance.
Que faut-il faire?

ALICE.

O ciel !

(à Robert.)

Avant de vous quitter
Je voudrais vous parler.

ROBERT.

Silence !

ALICE.

D'un devoir rien ne vous dispense,
D'un dernier je dois m'acquitter.

ENSEMBLE.

BERTRAM.	ALICE.
O tourment! ô supplice!	Dieu puissant, ciel propice,
Mon fils, mon seul bonheur!	Que ton nom protecteur
A mes vœux sois propice,	A son cœur retentisse,
J'en appelle à ton cœur!	Et le rende au bonheur!

ROBERT.

O tourment! ô supplice!
Qui déchirent mon cœur,
Faut-il que je périsse
D'épouvante et d'horreur!

BERTRAM.

Hâtons-nous.

(tirant de son sein un rouleau de parchemin et un stylet de fer.)

Tiens, voici cet écrit redoutable
Qui peut seul engager ta foi !

ALICE, *à part.*

O ciel ! inspire-moi !

ROBERT, *tendant la main du côté de Bertram.*

Donne donc !

ALICE, *en ce moment tire de son sein le testament de la mère de Robert ; elle s'élance entre Bertram et Robert, et le donne à celui-ci.*

Le voici ! fils ingrat, fils coupable !

Lisez !

ROBERT.

O ciel ! c'est la main de ma mère !

(*lisant en tremblant.*)

« Mon fils, ma tendresse assidue
« Veille sur toi du haut des cieux.
« Fuis les conseils audacieux
« Du séducteur qui m'a perdue. »

(Robert laisse tomber le papier qu'Alice se hâte de ramasser.)

BERTRAM.

Eh quoi ! ton cœur hésite entre nous deux ?

ROBERT.

Je tremble... je frémis... que décider ?... ô cieux !

ALICE, *sans regarder Robert et Bertram, et relisant à haute voix le papier qu'elle a ramassé.*

« Mon fils ! mon fils ! ma tendresse assidue
« Veille sur toi du haut des cieux.

BERTRAM, *à Robert.*

Mon fils ! mon fils ! jette sur moi la vue,
Vois mes tourmens, entends mes vœux ;
D'un vain écrit ton ame est-elle émue ?

ALICE, *de même.*

« Fuis les conseils audacieux
« Du séducteur qui m'a perdue. »

ROBERT, *entre les deux.*

Prenez pitié de moi !

BERTRAM.

Non ; partons à l'instant.

Tu me vois à tes pieds.

ALICE, *de l'autre côté.*

Vois le ciel qui t'attend.

BERTRAM.	ALICE.
O tourment! ô supplice!	Dieu puissant, ciel propice,
Mon fils, mon seul bonheur, etc.	Que ton nom protecteur, etc.

ROBERT.

O tourment! ô supplice!
Qui déchirent mon cœur, etc.

BERTRAM, *prenant la main de Robert.*

Viens.

ALICE, *de même.*

Viens.

(Un coup de tam-tam se fait entendre.)

C'est minuit... ô bonheur!

BERTRAM, *poussant un cri terrible.*

Ah! tu l'emportes, Dieu vengeur!

(La terre s'entr'ouvre, il disparaît. Robert, hors de lui, éperdu, tombe évanoui aux pieds d'Alice, qui cherche à le rappeler à la vie. A la musique terrible qu'on entend encore gronder dans le lointain, succèdent des chants célestes et une musique religieuse. Les rideaux du fond qui se sont ouverts laissent apercevoir l'intérieur de la cathédrale de Palerme, remplie de fidèles qui sont en prières. Au milieu du rond-point, la princesse à genoux avec toute sa cour; à côté d'elle un siége vide, destiné à Robert.)

CHŒUR AÉRIEN

Chantez, troupe immortelle,
Reprenez vos divins concerts :
Il nous est resté fidèle,
Que les cieux lui soient ouverts!

ISABELLE, ALICE *et* LE CHŒUR.

Gloire! gloire immortelle
Au Dieu de l'univers!

(montrant Robert.)

Il est resté fidèle;
Les cieux lui sont ouverts.

FIN.

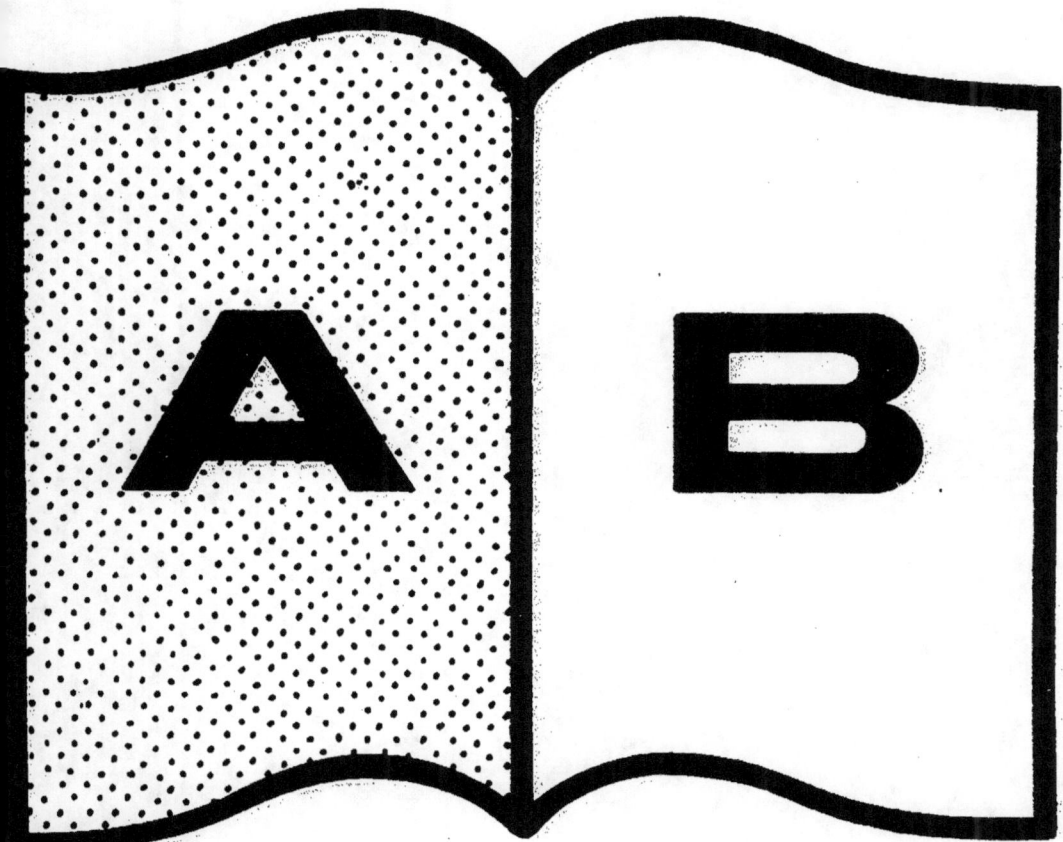

Contraste insuffisant

NF Z 43-120-14

www.ingramcontent.com/pod-product-compliance
Lightning Source LLC
LaVergne TN
LVHW022133080426
835511LV00007B/1123